D1699545

spiegelnde Fenster

Haiku
von
Franka Schütz

Für den, der glaubt,
wird das letzte Wunder
größer als das erste sein.

Dag Hammarskjöld
(Zeichen am Weg 1959)

Januar

1

vierundzwanzigmal
schlägt die Uhr – mächtig läuten
Glocken ins Neujahr
(Niederaltaich)

2

auf die Dachziegeln
tropft es leise – die Glocken
tönen durch die Nacht

3

Anruf an Neujahr –
Schnee rieselt – voller Freude
wird die Ferne nah

4

ein erster warmer
Sonnenstrahl in diesem Jahr –
Glanz Traum und Segen

5

Schneegestöber dann
gleißende Sonne – noch scheint
die Welt in Fugen

6

Vierte Könige
sind wir – halten hier und dort –
schenken unser Herz

7

Äste voller Schnee
Licht vom Licht durchscheint die Welt –
Last und Leichtigkeit

8

Straßen und Autos
von Schnee bedeckt – ganz leise
tauen Gemüter

9

Schneeglöckchen am Weg
diese Gegenwart schauen –
vergänglich die Pracht

10

leichte Schneefälle –
behutsame Decke – sie
scheint unbekümmernd

11

Gedanken splittern
herum – langsam nehmen sie
neue Weisen an

12

Weite erleben
Glockentöne von ferne –
in der Mitte sein

13

ein Eichhörnchen springt
hierhin dorthin – verschwindet
Ruhe in Bäumen

14

nach Eis – Nächten
die Wärme genießen – den
Wolken zusehen

15

die Winterlandschaft –
sie öffnet sich wohltuend:
das Haus der Freunde

16

Dinge und Menschen
annehmen wie sie sind – dann
lebt es sich leichter

17

die Zeit wahrnehmen
und ihr Raum geben zu sein –
wir schauen dann weit

18

die Mitte suchen –
immer wieder von neuem
sie finden können

19

auf dem Wege sein
innehalten – leise Glück
und Wehmut spüren

20

ankommen im Raum
des Schweigens – in der Stille
das Leben ordnen

21

Tod – Ende? – Anfang –
der Weg zur Unsterblichkeit –
zum Licht in Fülle

22

nur eine Grenze
der Sicht ist der Tod – ohne
Grenzen die Liebe

23

durch Schatten zum Licht
verwandelt wird der Blick – im
Prozess der Liebe

24

Schattenseiten der
alten Kirche – das Licht hört
nicht auf zu leuchten

25

heute anfangen:
dem Leben neu begegnen
und Sehnsucht fühlen

26

Pforte des Himmels –
so verheißt Jeremias
die Zeitenwende

27

notwendig ist nur
eines: sich beschenkt fühlen
vom Atem Gottes

28

das dritte Auge
neigt sich zum Ohr des Herzens –
Schweigen übt der Mund

29

Stimmungen tragen
Räume und Zeiten weben –
homo viator

30

verharren – das Glück
des Augenblicks genießen –
getröstet atmen

31

verschwiegener Blick
in den Garten – Gedanken
behutsam lassen

Februar

1

es schneit und schneit und
Stille wächst – dort geht nur der
Postbote – Hoffnung

<u>2</u>

rechts und links der Bahn
weiße Landschaften – auch die
Menschen sind jetzt still

<u>3</u>

kalte Sonnenluft –
langsam zieht den Rollator
die lächelnde Frau

4

in eisiger Zeit
auf den Büschen ein Leuchten –
es trägt durch den Tag

5

so schwer und leicht ist
sterben – du winkst am Fenster
schon voller Ahnung

6

düstere Stadt im
Regen – auf der Wiese ein
Hubschrauber leuchtet

7

weiße Kirschblüten
genießen den warmen Raum –
draußen türmt sich Schnee

8

scheinbar schläft die Welt –
auch Menschen suchen Stille
wachsen mit Wurzeln

9

kleine Rosette
mitten in der Dunkelheit –
Geschenk des Lichtes

10

eine Baustelle
das Leben – es ist meistens
Weinen und Lachen

11

ein Anruf – die Welt
scheint wieder gesonnen –
merkwürdig – nicht wahr

12

die weiten Felder
geben Raum dem Himmlischen –
ähnlich sich öffnen

13

aus kahlem Stamm wagt
sich ein kleiner grüner Zweig –
zaghaft und mutig

14

Sturm - vor den Tannen
prasselt es – sie biegen sich
und halten doch Stand

15

dem Dunkel der Nacht
folgt eine Morgenröte
die den Tag – erhellt

16

gründet Frieden auf
Verstehen – das Grollen weicht
dann einer Sanftmut

17

Pausen erfreuen
und lassen den Menschen sein –
außen und innen

18

nichts ist selbstverständlich –
verständlich jedoch werden
Zusammenhänge

19

kleines spitzes Tor –
Treppen hinauf – Chorumgang –
vom Dunkel ins Licht

20

zur Mitte gehen
im Labyrinth – sich wenden
und weiterkommen

21

Tränen wahrnehmen –
der Rührung Raum geben und
gemeinsam schweigen

22

wie ein Baum wachsen
im Sturm und in der Stille –
Licht und Trost heilen

23

keine Ruhe vor
dem Sturm – ein Anruf beschert
die Erleichterung

24

Perlen auch Tränen
sichtbar an dünnen Zweigen –
leben: Schmerz und Glück

25

tastende Wege
im Licht und Schatten der Zeit –
wir in Gottes Hand

26

die Nähe Gottes
ist immer da – auch wenn der
Mensch auf Distanz geht

27

Schein vom Abendrot –
noch verheißt der Tag Frieden –
plötzlich das Wort Krieg

28

jener große Schrei –
er wandelt sich zum Schrei-ben –
ein Traum zeigt den Weg

29

ein Vogel zwischen
Sicherheit und Freiheit – auch
wir sind auf dem Sprung

März

1

aufrecht und gebeugt
sind wir Menschen an Gräbern –
blicken nach drüben

2

erkennen heißt auch
über den Schatten springen –
und ihn annehmen

3

Worte Fragmente
fügen zusammen – den Mut
im Ungereimten

<u>4</u>

ja was ist denn Glück –
jetzt den Frieden finden im
Rhythmus des Lebens

<u>5</u>

ein Frühlingsmittag
unter der Trauerweide –
macht leben dankbar

<u>6</u>

eine Sackgasse
ist manchmal keine – offen
zeigt sich der Himmel

7

am verdorrten Ast
zeigt sich ein grüner Zweig – hell
mitten im Dickicht

8

Birken säumen den
langen Weg – helle Blätter
öffnen das Dickicht

9

immer ist ein Weg
begrenzend führt er weiter –
Vertrauen geht mit

10

wie Blumen blühen
so flüchtig erscheint das Glück –
und dennoch – es trägt

11

Leben betrachten
angesichts der Ewigkeit –
im Augenblick sein

12

diese Umarmung
ein ganzes Leben darin –
so innig zuletzt

13

Kummer abgeben
sich bergen in der Natur –
geschehen lassen

14

Spaziergang im Wald
da – im Dickicht die Lichtung –
freundliche Schatten

15

Magnolien – sie
sind aufgeblüht – eine Wucht –
dies rosa Märchen

16

die Iden des März
Menschen werden gefoltert –
trotz sachtem Frühling

17

im Skulpturenpark:
Gebilde sprechen tanzen
und rühren uns an

18

Stunden Tagen und
Jahren zustimmen – froh und
wandlungsfähig sein

19

nahe dem Wasser
von Augustusburg – ein Schwan
brütet geduldig

20

zwei Schwäne – da –
sie wechseln die Plätze – das
Brüten hat Vorrang

21

vorbei das Karge
ein Strahlen erwacht mit Macht –
Forsythienfest

22

Farne rollen sich
in die Höhe – zart beginnt
das lichte Frühjahr

23

Apfelblüten – die
Fülle der Früchte ahnend –
sie schenken Andacht

24

der Rosengarten
wie versprochen? – Oase
zum Gesundwerden

25

dies Klavierspiel hier
beschwingt – das Erdbeben dort
begräbt so viele

26

beschwerter Abend –
träumen zum Sohn auf einem
transzendenten Seil

27

alles ist zu viel –
den Überblick verlieren –
genug ist genug

28

alte Rundbögen –
Geborgenheit schenken sie
der heutigen Zeit

29

Abtei Brauweiler –
wechselvolle Geschichte –
was heißt vergeben?

30

willkürlich innehalten
und stehenbleiben am Dom –
still die Gesichter

31

durch Licht und Schatten
gehen – geradeaus – mit
Umwegen versöhnt

April

1

Wünsche aufheben
das Maß der Dinge finden –
mit Ruhe leben

2

ein Kloster im Wald
birgt Mystik aus alter Zeit –
Stille die redet

3

am Ende so weich
wie Moos sein – demütig und
voll Güte lächelnd

4

ein Wortgewitter –
so unerwartet – erreicht
die Zuhörende

5

auf bäumt sich das Pferd
von Marino Marini –
gleich steht der Reiter

6

Weite einholen
aushalten in der Enge –
großzügig bleiben

7

Toskana Landschaft
Schleier sich verflüchtigend –
die Sehnsucht erden

8

im Kreuzgang wandeln
mit den Säulen sprechen – sich
getragen fühlen
(Dom von Palermo)

9

mitten im Verkehr
klassische Töne – gerne
bleibe ich stehen

<u>10</u>

Abendstimmung am
See – weit hell und voll Frieden
endet dieser Tag

<u>11</u>

aus der Mitte wächst
innerer Frühling – stimmig
folgt Barmherzigkeit

<u>12</u>

des Lebens Mühsal
so fortgetragen wie ein
Windhauch – ein Windhauch

13

ein Feuer in der
Wüste sehen – neugierig
sein – staunen – fragen

14

Stromkreis der Liebe
Kummer aufgehoben – vernetzt
mit dem Göttlichen

15

Wolken und Sonne
flüstern – der See spiegelt die
stille Begegnung

16

zwitschernde Vögel
schwingen den Morgen ein – sie
stimmen Kopf und Herz

17

eine Bank lädt ein
zur Muße an diesem Tag:
komm wir haben Zeit

18

Mohn und Akelei
Duft von Pfefferminz Salbei –
Zikadenfriede

19

alter Heuwagen
mitten auf Feldern einer
neuen Zeit steht er

20

Licht am Beversee –
manchmal wird das Geheimnis
des Lebens sichtbar

21

manche Blumen zart
und leuchtend – Trost spenden sie
Zuversicht und Kraft

22

das Meeresrauschen –
dem Atem der Ewigkeit
versunken lauschen

23

die Stille finden
Maßstäbe zurechtrücken –
Wahres entfalten

24

sichtbar – statt Wolken
Flugzeugstreifen – auch überkreuz –
am blauen Himmel

25

mittelalterlich
Paläste am Muschelplatz –
zerbrechliche Macht

26

erwartungslos – so
drängen Blüten hin zum Licht –
sind jetzt einfach da

27

carpe diem – so
mit der Jahreszeit gehen –
gesammelt schauen

28

auf dem Berg Tabor
angekommen – nachsinnen
jener Verklärung

29

Klagemauer –
glückliche Heimkehr am Ziel
unserer Reise

30

Beschädigungen
mit ihnen leben lernen –
der Heilung trauen

Mai

1

erwacht erratend –
welche Tageszeit – ruhig
das Licht wahrnehmen

2

wie ein kleiner Baum
verwurzelt aufrecht sitzen –
dem Himmel nahe

3

zufriedener Tag
Sonne Stille Gerüche –
sichtbar verborgen

4

gehen und immer
wieder innehalten – so
innen Halt finden

5

die Barmherzigkeit
spüren im stillen Gehen –
Kreuzgang voller Licht

6

Kreuzgang einladend
– Maria im Kapitol –
inmitten von Köln

7

diese Wanderung
Berge Felsen Tal im Blick –
Leben ist Wandel

8

gemächlich reiten
im Sonnenlicht – Bodenstaub –
Tag in der Heide

9

Telefonanruf
„heilsame Unterbrechung"
in Stille schwingen

10

Kirschblüten in Bonn
schenken Frühlingsfreude –
die Zeit ist begrenzt

11

Parlamentskuppel –
Menschen gehen und schweigen
verweilen staunend

12

Regen tagelang
jetzt klart es auf – und siehe
Schnecken sind unterwegs

13

den Waldweg entlang
geborgen in der Natur –
das Herz öffnet sich

14

Bäume schaukeln im
Licht der zwitschernden Vögel –
so mittags ruhen

15

im Schatten einer
Eiche Wolkengebirge
sich ändern sehen…

16

die Wassermühle
im Neandertal – Frieden
schenkt sie Wanderern

17

es regnet landauf –
leise benimmt sich das Glück
und antwortet spät

18

Blütenknospen – leicht
öffnen sie das Dickicht der
Zweige zum Himmel

19

Einsamkeit im Mai -
wie Vögel in der Welt sein
mit ihnen fliegen

20

Farben und Formen
es ist alles geliehen –
Fülle der Schöpfung

21

Weite erleben
Glockentöne von ferne –
in der Mitte sein

22

dreifaltiger Geist
„tröste den der trostlos weint" –
froher Dank im Wind

23

pfingstlicher Mittag
Kiefern wiegen sich im Wind –
Stille und Staunen

24

ein fernes Brausen -
plötzlich verstehen alle
ganz fremde Sprachen

25

so träumen am Meer
kein Wind trägt den Sand davon –
von ferne ein Ton

26

wie zum Tanz dreht sich
ein alter Ölbaum – doch er
wurzelt im Boden

27

ein Vorhang legt sich
golden über Meer und Berg –
Dunkles entzieht sich

28

jetzt auf der Insel
ankommen und ausatmen –
die Ruhe spüren

29

im Augenblick sein –
lösen lieben leben – der
Ewigkeit nahe

30

auch jetzt – Annette –
spiegelt das Licht auf dem See –
die Liebe die trägt
(Blick von der Meersburg auf den Bodensee)

31

wandern Schritt für Schritt
blühender Mohn am Wegrand –
den Frieden finden

Juni

1

Pilger sein – den Weg
zur wahren Heimat suchen –
durchsichtig werden

2

Stille in Tournus –
Vielfalt der Perspektiven –
Sehnsucht nach Ganzheit

3

Wege erkunden
Höhen Tiefen begegnen –
des Lebens Fülle

4

wie leicht schwimmen sie
Seerosen auf dem Wasser –
Botschaften des Lichts

5

die Weite scheinbar
endlos – der Vorhang vor dem
Unergründlichen

6

Wüste und Himmel –
wie nah sind wir am Wasser
ewigen Lebens?

7

in Ligurien –
Zeit und Wärme tanken – für
den Winter dichten

8

den Bewegungen
der Wellen nachsinnen – in
die Unendlichkeit

9

zwei Stunden – sonnig
im Englischen Garten –
sie schmälern dunkle Zeit

10

diesen Weg gehen:
hingeben – dienen – loben –
Worte aufheben…
(Taizé)

11

zwischen den Bäumen
dieser Weg – immer umarmt
von Schatten und Licht

12

Juni jedes Jahr:
ein Brausen der Bienen im
Lindenblütenbaum

13

vertrauter Schlossturm
alte Lambertuskirche –
die Schulzeit ist nah

14

die Mittagssonne –
sitzen sprechen zuhören
einfach da sein: Dank

15

Sonne sich spiegelnd –
Menschen stapfen auf Wegen –
werden verwandelt

16

originell fragt
die Dokumenta – spiegelt
die Welt – erschüttert

17

der eine drückt auf
die Kehle des anderen –
für beide beten …

18

See am Nachmittag
ein Baum ragt in den Himmel –
Frieden hier – und dort?

19

inmitten von Lärm
Augenblicke der Ruhe –
dankbar verweilen

20

Wege in die Welt –
geheimnisvoll führen sie
oft zum Herzzentrum

21

schäumende Wellen
ein Horizont der wandert –
Muster des Lebens

22

Wolken ballen sich
der Sand sieht zu wartet ab –
das Meer bleibt ruhig

23

Zikadentöne
schweben still über der Bucht –
lebendige Nacht

24

ausdauernd ruhen
und aufmerken wie Möwen –
wer das schon könnte

25

Himmel und Wasser
verbinden Sonnenstrahlen –
die Küste ist nah

26

in Monreale
schmücken Mandalas den Chor –
staunend verweilen

27

altes Aquädukt –
wie klein manchmal der Durchblick
auf Unendliches

28

in Lucca auf der
Stadtmauer Fahrrad fahren –
Pinien grüßen

29

in Rätselgestalt
Spiegelungen erblicken –
Gesichter Gottes
(Teufelsbrücke bei Lucca)

30

Ginster im Juni
dieses Schauspiel der Fülle
vor blauem Himmel

Juli

1

Kuckucksrufe und
langsam wandern Schritt für Schritt
Himmelsseligkeit

2

Orientierung?
einfach ausrichten – wie ein
Sonnenblumenfeld

3

Weizenfeld und Baum
frohsinnige Einsamkeit –
geduldig reift Glück

4

einsamer Vincent –
wie dein Gelb und Blau leuchtet
millionenfach

5

Fülle des Lebens –
Rosen Dornen Schatten Licht –
der Augen Blick zählt

6

Ölbaum und Meer – sie
halten Zwiesprache – endlos
sanft und vorbildlich

<u>7</u>

wer liebt denn nicht
den Ariadnefaden – im
Lebenslabyrinth

<u>8</u>

neue Wege gehen –
mit dem Blick über den See
der Zukunft vertraun ...

<u>9</u>

am Hafen schlendern
wie ein Spiegel das Wasser –
Schweres versenken

10

einige Strahlen
gleiten noch über den See –
die Nacht wird kommen

11

Fülle der Farben
Kostprobe der Ewigkeit –
Sommer in Frankreich

12

im alten Gehöft
ein üppiger Malvenbusch –
Sinne sind betört

13

Zwiegespräch von
Baum und See – Wiesen hören zu –
stilles Masuren

14

segeln und segeln
frei sein – ein Vergnügen in
der Sonne Polens

15

ein heißer Tag auf
dem Bauernhof – Wäsche weht –
Menschen freuen sich

16

Störche und Kühe
einträchtig in Masuren –
so kann Leben sein

17

Nikolaiken zieht
Urlauber an – Himmel und
Wasser sind geschenkt

18

umrahmt von Schilf liegt
ein See in Masuren – die
Stille streichelt ihn

19

durch Dünen gehen
Gräser wehen – das Meer rauscht –
zufrieden atmen

20

Spur eines Weges
in den Dünen – göttliche
Pfade im Innern

21

im Gewirr der Welt
Nähe und Liebe suchen –
und Ruhe finden

22

ein blauweißes Haus
das Herz in der Mitte – es
trägt manche Hoffnung

23

jetzt auf der Insel
ankommen und ausatmen –
die Ruhe spüren

24

vom Sand getragen
am Meer entlang – wird ruhig
die Seele und still

25

flanieren nahe
der Bäderarchitektur –
und Bände sprechen

26

Insel Hiddensee
Kleinod vieler Besucher
im Gepäck versteckt

27

lange Wanderung
zur Rundkirche auf Bornholm –
die Mitte finden

28

das Meeresrauschen –
dem Atem der Ewigkeit
versunken lauschen

29

hoch über dem Meer
die Feigenbäume – wohin
Sehnsüchte wachsen

30

Wellen der Nordsee –
vielfältig wechselt das Bild –
werden wieder Meer

31

das Meer übertönt
Geräusche – im Schweigen jetzt
unbeschwert gehen

August

1

Altstadt Siena
Enge und Weite sichtbar
unsichtbar das Glück

2

Geschenk der Stille
in alter Basilika –
innen atmet es

3

Besucher wandeln
im lichten Kreuzgang – kleines
Schattenkabinett

4

das Wohl er-gehen –
in Spannungsbögen lebend
begreifen wir Welt

5

der Phlox erhebt sich
im wilden Bauerngarten –
ein Fenster geht auf

6

ankommen dürfen
mit wenig und viel Gepäck –
da ist Gastfreundschaft

7

Weite und Frieden
erreichen Auge und Herz –
das Leben schenkt Sinn

8

so gelassen sein
wie ein heiteres Kornfeld –
wieder und wieder

9

von Licht umgeben
winken Orangen am Ast –
so leben den Tag

10

Kelche der Sonne
entgegen – offen – farbig –
Momente des Glücks

11

Wiesen schmiegen sich
an den See – Wälder schauen –
lebhafte Stille

12

gedankenverloren
der Blick über das Wasser –
unendliches Licht

13

gleichmäßig rauschen
die Wellen – versunken die
Ewigkeit hören

14

ein Himmel so blau
und gelb das Dünengras –
welch ein Kompliment!

15

hell und dunkel – sie
bilden ein Ganzes am Meer –
die Kreidefelsen

16

Glanz im Seitenschiff
der verfallenen Kirche –
tanzen trotz allem

17

in der Mitte sein
dann tanzen sich drehen und
nach innen schwingen

18

auf neue Weise
leer sein von Lappalien –
ein runder Abend

19

wie ein Baum sein – so
unbekümmert gelassen
den Tag angehen

20

durch Dünen gehen
Gräser wehen – das Meer rauscht –
zufrieden atmen

21

die Wasserfläche
spiegelt silbern den Himmel –
in der Ferne Dunst

22

Gegen den Wind steht
die Möwe – dann bewegt sie
Fuß für Fuß weiter

23

das Meer eingerahmt –
Perspektiven verändern
schenken Offenheit

24

das Leben ordnen –
weite Räume ausnutzen
und sich versöhnen

25

Rosenrabatte
das Leben lädt ein – faltet
und entfaltet sich

26

den Sommerflieder
besuchen Schmetterlinge –
flüchtiges Rasten

27

Tautropfen am Blatt
der Kapuzinerkresse –
Moment des Lebens

28

ein Birnbaum mitten
im gemähten gelben Feld –
Kindheit vor Augen

29

ein Sommerabend –
der kleine Bruder – lautlos
spricht er - liebevoll

30

Sonne versinkt weit
nimmt die Sorgen mit – leuchtend
lässt sie den Tag sein

31

behutsam im Kreis
reden auf Augenhöhe –
Wärme die du spürst

September

1

unentwegt blüht die
Stockrose dort im Garten –
verweile doch du …

2

blühende Rosen –
sie ins Herz hineinnehmen –
getröstet gehen

3

erleichtert gehen
unter Blätterdächern – das
Schwere loslassend

4

wie gewebt scheint ein
Muster – manchmal ahnen wir
den Glanz Gottes

5

rufen – antworten:
ich bin da – für dich da – in
der Wolkensäule

6

absichtslos hörst du
die fernen Tempelglocken –
Sehnsucht erfüllt sich

7

vertraute Ufer
zurücklassen – und Sturm und
Stille aushalten

8

Oleander säumt
die kurvenreiche Straße –
Zauber der Sinne

9

Kummer abgeben
sich bergen in der Natur –
geschehen lassen

10

langsam bewegen
Augen, Arme und Beine –
verschwunden der Groll

11

das Feuer es brennt
lodert stirbt flackert leuchtet –
in dieser Mitte

12

gelb und rot rauschend
ein warmes Licht darüber –
Dunkles wird leise

13

den Tempel finden –
Maßstäbe zurechtrücken –
Andacht entfalten

14

sichtbare Grenzen
verschwinden in der Ferne –
Frieden wird geschenkt

15

angerührt schweigend
innehalten- verweilen –
dann jubeln im Chor

16

Leben erfüllt sich –
weit und begrenzt – dunkel hell
jeden Augenblick

17

vorsichtig friedlich
Strukturen bewegen – die
Ordnung entsteht neu

18

die sichtbare Welt
schwindet im Licht der Grenzen –
Abenddämmerung

19

vertraute Formen
Sehweisen die verändern –
so vieles fügt sich

20

Sand Wasser Ferne -
bilden endlose Spuren
einer Sehnsucht ab

21

Fülle des Lebens –
Höhen – Tiefen empfangen –
Dank weitergeben

22

trau dem Herbsttag – noch
schützen Stämme und Blätter
den Weg den Du gehst

23

Trauben an Stöcken
sie hängen so leicht – tragen
Süße und Wärme

24

Blätter im Schatten
Beeren im Licht – Leben ist
endliches Wandern

25

Zypressen schützen
ein Haus vor Neugier und Wind –
wer hütet die Zeit?

26

Hölderlin Hesse
Maulbronn birgt stille Wehmut –
Schatten und Licht

27

die Mitte suchen –
immer wieder von neuem
verweilend danken

28

Wolken in Eile
Augenblicke der Ruhe -
das Herz ist versöhnt

29

einige Strahlen
gleiten noch über den See –
die Nacht wird kommen

30

geschneit hat es auf
den Balkon – Blätter strahlen
im Septemberlicht

Oktober

1

die reifen Trauben
sprechen behutsam ans Herz
sammeln die Sinne

2

kleine Weinstauden
vor Wind geschützt – leben ist
Vorübergehen

3

Blätter werden rot –
unsere Endlichkeit – sie
hat viele Zeichen

4

endliche Wesen –
von Zeit zu Zeit ahnen sie
die Unendlichkeit

5

das Wasser plätschert
Körper und Seele ruhen –
kleine Oase

6

Felder zum Himmel
den Horizont einatmen –
und alles lassen

7

verstreute Blätter
mit der Jahreszeit gehen –
gesammelt schauen

8

die Schöpfung atmet
lauschen dem Klang – den Weg
des Herzens gehen

9

farbig und ruhig
die Waldwege – Harmonie
der Gegensätze

10

über der Weser
spiegelt das Abendlicht den
endlichen Frieden

11

Zwiesprache halten
Schiffe mit dem Abendlicht –
ruhig und bewegt

12

Geschenk der Stille
Geheimnis des Lebens – es
neigt sich der Tag

13

Heide betörend
üppig zeigt sich die Natur –
großzügig sparsam

14

angerufen sein –
den Weg nach innen gehen
in Wortlosigkeit

15

wie schön der Ätna
die Natur so erhaben –
sicher ist kein Mensch

16

letzte Klematis
am Zweig bittet behutsam:
bewahrt die Wärme

17

Blätter der Bäume
weisen darauf hin: jetzt das
Loslassen üben

18

noch tuscheln Blätter
sanft – fallen bedenkenlos
in den Winterschlaf

19

feurige Bäume
auf der Reise nach Hause –
im Lassen leben

20

farbige Bäume
sprechen bewegt – im stummen
Abendsonnenlicht

21

Oktobersonne
färbt den endlichen Lebensweg –
wärmende Aussicht

22

der Wagen schrammt die
Steinmauer – Glück gehabt – es
ist nur Blechschaden

23

späte Sonnenluft
streift alte Verletzungen …
macht sie unsichtbar

24

grasende Pferde
die Schatten werden länger –
endliche Tage

25

Oktoberruhe
ab und zu Wärme
farbiges Laub – nimmt und gibt

26

roter Teppich – ein
Abglanz der Ewigkeit –
in schwerer Stunde

27

eine Treppe führt
in den Himmel – Kundige
steigen hinunter

28

Schatten der Blätter
flirrendes Licht – leben
ist vorübergehen

29

Tropfen perlen am
Zugfenster – vorbei Felder
Friedhöfe Vögel

30

Gedanken lassen –
Wünschen den Laufpass geben –
neu sich sammeln

31

verharren – die Lust
des Augenblicks empfinden –
getröstet atmen

November

1

schweige und höre –
was ist wesentlich? –
suche den Frieden

2

Frauen im Wandel –
ihre Geschichten wachsen
behutsam weiter
(zum Frauenbrunnen in Köln)

3

im Beginenhof
Oase der Fröhlichkeit –
finden wir sie auch?

4

„Es ist wie es ist“:
die Worte tanzen ins Herz
„Und es ist gut so“.
(Wilma Alfs)

5

die sichtbare Welt
schwindet im Licht der Grenzen –
Abenddämmerung

6

göttlicher Urgrund
gibt Trost und Zuversicht – was
auch immer geschieht

7

nur das zählt wirklich:
Gott – den Nächsten – wie dich selbst
immer neu lieben

8

Neues probieren
Konturen entstehen – mit
Schwächen leben

9

Reife und Stillstand
Vorsicht und Nachsicht – lassen
die Liebe leben

10

die frohe Nachricht –
schaukelnd schwingt die Seele in
Unermesslichkeit

11

so ruhig im Haus
entfernt stürzt ein Flugzeug ab –
nahe Endlichkeit

12

Lärm in der Großstadt –
behutsam lauschen auf die
Stille hier und dort

13

Moos im Labyrinth
Patina auch im Leben –
Fragen neu stellen

14

nach innen schauen
und absichtslos gehen im
„Garten des Schweigens"

15

die Friedenstaube
wer sendet wer empfängt sie?
Anruf an alle

16

Licht in der Krypta –
manchmal wird das Geheimnis
des Lebens sichtbar

17

Menschen bewegen
Grenzen – ersehnen mutig
Freiheit Licht Freude

18

durchs Brandenburger
Tor gehen oder fahren –
manchmal nach-denklich

19

grauer Sonntag – ein
Lichtblick – gekommen sind
diese – emails von …

20

Bleistiftlinie
zwischen Wasser und Himmel –
zeichnet Endlichkeit

21

durch Schatten zum Licht
verwandelt wird der Blick –
Prozess der Liebe

22

Dunkel und Licht -
Weite und Enge – treffen sich
im alten Kreuzgang

23

das Sterben begrenzt
unsere Sicht – grenzenlos
ist nur die Liebe

24

Tränen wahrnehmen –
der Rührung Raum geben und
gemeinsam schweigen

25

Liebe fasst alles
Krankheit Zwietracht Trennung Tod
Gott umarmt – macht neu

26

die andere Welt
im Tod – wir betreten sie
jenseits der Worte

27

Trauernde mit uns
im romanischen Lichthof –
du lebst erinnernd
(zur Trauernden von Gerhard Marx)

28

immer wieder sind
Zeichen der Liebe – sichtbar
im Tagesdunkel

29

dein Winken morgens –
alte Sehnsucht erinnernd –
Blicke die trösten

30

farbiger Abglanz
Quedlinburg – altes Kleinod –
welcher Schatz dauert?

Dezember

1

Großmutters Wärme
in der kühlen Umgebung -
die Enkelin lebt

2

der enge Rahmen –
in der Erinnerung nur:
Fassungslosigkeit

3

begreifen – etwas
ist unbegreiflich – schweigen
vor Verborgenem

4

geboren werden
inmitten der Winternacht –
Ende und Anfang

5

vom verletzlichen
zum göttlichen Kind in uns –
der Weg zur Mitte

6

lichte Nacht – Geburt
sich Raum nehmen und geben:
der Liebe Weisheit

7

stummer Blumenstrauß
wie schön – so vielsagend in
der Wohnung Stille

8

geheimnisvolle
Schwelle – wir betreten sie
jenseits der Worte

9

sich bewegen in
den Zwischenräumen der Zeit –
dankbar annehmen

10

das Leben – Wege
Labyrinth – einer sagte
mal: ich bin der Weg

11

Fluchtpunkte: sehnen
nach Geborgenheit – einmal
kommen alle an

12

Spuren aufbewahrt
in Körper Seele Geist –
sie geben Auskunft

13

Wege gehen – von
Dunkel und Licht begleitet –
des Lebens Fülle

14

leben im Aufbruch –
Maßstäbe verschieben sich –
Neuland gewinnen

15

wo Menschen auch sind –
Erfahrungen bergen sie
schmerzvoll hoffnungsvoll

16

gehen schauen sein –
ja arbeite liebe – et
respice finem

17

Schneeregen draußen –
Kerzen im Raum weisen auf
Licht und Geborgenheit

18

die Wintersonne
leuchtet – erhoben strahlt die
Amaryllis jetzt

<u>19</u>

Glocken am Sonntag:
„Mensch werde wesentlich" klingt
an Verschüttetes

<u>20</u>

Engel schlagen den
Takt zu der Orgel – Sphären
die innen jubeln

<u>21</u>

wir lassen los und
haben alles – das ist die
Umkehr im Alltag

22

verliebt sein in die
Farben des Regenbogens –
wie leicht schwebt das Herz

23

Jesaja folgen –
auf die innere Stimme
hören und leben

24

„das weiße Gedicht"
ist der vorrückenden Nacht
leuchtende Antwort
(zu einem Gedicht von Reiner Kunze)

25

im Kreuzgang Andacht –
die Quadratur der Bögen
erfüllt Harmonie

26

Stille außen und
innen – Licht bewegt Schnee –
schauen und staunen

27

Schneeflocken fallen
unentwegt – der Winterschlaf
weckt Innenwelten

28

gestatten: Engel
der Langsamkeit – umarme
die späten Jahre

29

spazierengehen –
Farben voll Sonne und Schmerz
einverstanden sein

30

ein Weg nach oben
Gratwanderung – Erfüllung –
Staunen wird bleiben

31

Melodien der
Veränderung – schwingen und
tragen die Seele

Nachwort

Manchmal spiegeln Fenster das Innen und Außen. Haiku sind Blitzlichter, die ein Gleichgewicht in Gegensätze bringen.
Seit meiner Jugend ist mein Leben immer wieder von bipolaren Phasen bewegt worden. Übermäßiges Schaukeln stört oder Sparflämmchen nehmen überhand.
Balance ist gefragt in der Not; erst dann kann ein aufmerksames Schwingen wieder geschenkt werden.
Für mich sind Haiku solche Leihgaben von Augen-Blicken, Momente des Leuchtens, der Vereinbarkeit von Widersprüchlichem; erst eine Harmonie von Gegensätzen führen in eine innere Mitte.
Brücken und Stützen sind für mich Meister Eckhart, Nikolaus von Kues, Rose Ausländer, Hilde Domin; jede Freundschaft und Liebe ein Gewinn. Daraus folgen Dankbarkeit, Gleichmut und Freude.
Es ist ein buchstäbliches „Heimkehren", wie Jean Claude Lin das Haiku Schreiben bezeichnet (Die Kunst des Haiku, Stuttgart 2017).

Danksagung

Beim Entstehen dieses Buches haben mich
Regina Henke und Annegrete Feckler
sehr aufmerksam fachlich begleitet.
Es war eine Freude, mit ihnen das
Manuskript mit Haiku und Fotos von mir zu
gestalten. Beiden gilt mein herzliches
Dankeschön.

Franka Schütz, geb. Sträter, 1943 in
Rheine/Westf. geboren, Abitur in der
Düsseldorfer Ursulinenschule;
Buchhändlerlehre, Studium der Germanistik
und Philosophie in Bochum und Düsseldorf.
Arbeit in Buchhandlungen und im Domforum
in Köln; 1969 Heirat, 1976 Geburt eines
Sohnes. Zwischen 1969 und 1971 stellte sie
Lyriker und Lyrikerinnen in der
Fachzeitschrift „Buchhändler-Heute" vor.
Kleine Texte und Gedichte veröffentlicht sie
seit 1966 in Zeitungen und Anthologien.

ISBN 978-3-7565-2036-7

9 783756 520367

www.epubli.de